मीठी पर्चियाँ

पाती अहसासों की

स्वेता "निक्की" परमार

ISBN 978-93-5559-088-6
© Sweta "Nicky" Parmar 2021
Published in India 2021 by Pencil

A brand of
One Point Six Technologies Pvt. Ltd.
123, Building J2, Shram Seva Premises,
Wadala Truck Terminal, Wadala (E)
Mumbai 400037, Maharashtra, INDIA
E connect@thepencilapp.com
W www.thepencilapp.com

DISCLAIMER: *The opinions expressed in this book are those of the authors and do not purport to reflect the views of the Publisher.*

CONTENTS

मीठी पर्चियाँ

भीनी सी सुबहमनमोहक वृंद कतार आभास जैसे हुआ किसी के स्पर्श का ऐसे......

हौले से आया हवा का झोंका और छू गया यूँ मुझे

की सँवार कैसे लूँ अब ज़ुल्फ़ें मेरी

लग रहा जैसे अंगुलियाँ वो घुमा गया ।

लाज़मी है मेरा बेमिसाल होना,

एक तो मैं ख़्याल हूँ ...वो भी ... तुम्हारा।

अपनी हर एक साँस उनके नाम कर दी ,और वो कहते हैं ...

ज़िंदगी भर क्या निभा पाओगे ?!

ख़फ़ा ख़ुद से हूँ मैं,उनसे क्या कहूँ और कैसे पूछूँ …

क्या तुम निभा पाए हो?!

…..

पाने की जो ख्वाहिश ही ना रही अब,

तो खोने का क्या डर होगा …

होने को हैं फ़ना हम जहाँ से,

किसका…किससे…अब राबता होगा।

रात फिर आँखों आँखों में बीत गयी

सोचा था शायद आँख लग जाएगी

पर......

वो तकिए की किनोर अब भी भीगी है

जिस पर तेरी यादों की ओस पलकों से बही

इश्क़ बेंतहा ... कैसे समझाऊँ

समझ सकता है मुझसे बेहतर कौन इस बात को

धड़कन रुक ना जाए कहीं ऐसे याद कर रही है साँस रूह को

हर पल ऐसे रहते हो तुम ख्यालों में मेरे यूँ.........

खुद के होकर भी मैं खुद में नहीं हूँ अब |"

वक़्त ही बेवफ़ा है, वक़्त पर वक़्त ही सही नहीं होता

जिस हमदर्द की होती है सबसे ज्यादा आरज़ू

वो हमदर्द ही वक़्त पर कहीं नहीं होता

नूर ए हुस्न बेपरवाह रोशन हो गया ...

जब बात जहाँ से रूखसती की आयी!

यूँ तो परवाह दिखाते हाँ बहुत सब ...

पर वफ़ा क्यूँ किसी की,

उसके नसीब में ना आई!

कहता हैं वो ...

तेरे बिन गुज़र नहीं...

बेचैनी सी रहती है हर पल, तनाव कम होता नहीं...

जिन्हें....

नींद सुकून की आती है, मस्ती में अपनी रहते है, बस दो बोल
की परवाह दिखाते हैं आजकल सब ...

स्वार्थ जीवन नहीं व्यवहार से बोलता है !

चली जाएगी जहां से जल्द ही रूह ए शरीर उसकी...

फिर कहाँ ढूँढोगे कहकर...इश्क़ था तुमसे!

राह में चलते कुछ लोग मिलते हैं ऐसे ...

लगता है जन्मों कि पहचान हो जैसे ...

पर दिल को छलावा होता है इसका ...

मुमकिन नहीं आज के जहां में कोई हो रूह से किसी का !!!

खोकर अपनी पहचान हम ऐसे हुए उनके ...

दिन को अगर रात कहे तो वो भी मानने लगे।

परछाईं बन गए हम उनकी इस तरह ...

खुद अपने आप को भी भूल बैठे।

कितनी अजीब है ज़िंदगी भी...

झूठ मूठ बहकाती तो थी पहले भी

पर अब ... मज़ाक़ बना रही है !

वह तो ज़िंदगी क्या मख़ौल उड़ा रही है!!!

फिर से अधूरी रह गयी इक खूबसूरत सी दास्ताँ मोहब्बत की,

फिर किसी ने मंज़िल बदल ली फिर किसी ने रस्ता बदल लिया,

,

कितनी अजीब है ज़िंदगी भी...

कितनी आसानी से कह दिया उसने माफ़ कर दो

क्या दिल दुखाने की बस इतनी सज़ा है ज़माने में?!?

.....

हर बात छिपाने के लिए

अक्सर वो मुझसे लड़ने के

 बहाने है खोजता

कैसे वो ये ना समझ पा रहा

कि नादान है वो जो ख़ुद से

ही ख़ुद को बचा रहा ।

बेपनाह, बेंतेहां , बेझिझक मुहब्बत की उनसे

पर वो किसी और के पहलू में साँस लेने लगे !!!!

इक डूबती धड़कन की सदा लोग न सुन लें

कुछ देर को बजने दो ये शहनाई ज़रा और

ना दो राह चलते हुए लोगों को नसीहत

जो कद्र ही कर न सकें

क्यूँ देनी है उनको ये दौलत

जो बेकार में किसिकी सुनी पड़े

चलते चलते थक गई हूँ मंज़िलें मिलती नहीं !

क्या पता किस मोड़ पे ले जाएगी ये ज़िंदगी !!

.....

आजकल बहुत जल्दी रहती है उन्हें रुठ जाने की,

आवाज तक नहीं सुन पाते अपने ही दिल के टूट जाने की।

दिल तो ना जाने कहाँ खो गया था और दिल की आवाज़ हमारे
अंदर थी,

वक्त वो बड़ा दुशवारियों से कटा, जब .....

ना मैं मैं थी ओ ना तुम तुम थे।

.....

सिहर सी गई मैं

जब हवा का झोंका गया छू के

शायद उन्होंने याद किया मुझे

आह भर के ......!!!!!!

हमने ये खेल खेला पर हार जीत का इरादा ना रखा,

उन्होंने जज़्बातों की बाज़ी लगाकर दिल ही दाव पर लगा दिया।

"उस पर यक़ीन है कितना हमें, वो जानता है पर..

जब थामना था हाथ तभी डोर खींच ली।"

.....

" शब्द आते हैं लबों पर मगर डर लगता है कुछ यूँ.......

.........कि रूह कांप उठी है उनके तेवर देख कर!"

.....

"बस उनकी ही थी , हूँ और रहूँगी उम्र भर....

एक साँस अटकी है कि अब तो कर ले वो यक़ीन!”

“एक ख़्वाब थे संजोये कब से अपने जहाँ के.....।

ना जानते थे कि यूँ भी कभी होगी मुलाक़ात!!!!

.....

“ कैसे कटे थे दिन अब तक बिना उनसे मिले.....

जीते हुए मरे थे या मरकर जिए हैं हम।”

“ लगता हैं यूँ मानो कि अब ज़िंदा नहीं हैं हम.....

उसने जबसे मुझसे बात छोड़ने की... की !!"

.....

" दोस्त हो तो सब कुछ कितना होता है आसाँ....

जैसे कि खुदा ने सबसे बड़ी दुआ है दी ।"

"अब तो ये आलम है मेरे इश्क़ ए जुनून का यूँ.....

.....बस उम्र एक जी ली और हो रहे फ़ना!"

"कुछ इस तरह से यूँ मुझे ख़ामोश कर दिया....

अब ख़ुद से ही बतियाने से डरने लगे हैं हम !!!!"

"हर पल ऐसे रहते हैं वो ख्यालों में यूँ..........

मैं खुद का होकर भी खुद में नहीं अब।"

"आज थोडा और खो दिया है उन्हें......

आज थोडा और दूर हो गए वो .... हमसे।"

" कैसे हुआ अचानक यूँ बदलाव जिंदगी में...

हर पल कुछ नया महसूस करने लगे हैं हम ।"

"कहते हैं वो काँच है बिखरा, संभाल के चलें।

पर गहरी पीड़ा जो है अंतर्मन में....

बताए कोई हम उसका क्या करें ?¿"

"किया जो भरोसा फिर से .....

तो कहीं बिखर ना जाएँ इस तरह से कुछ यूँ.....

ना हँस पाए, ना रो पाए

बस ख़ामोश हो गए ऐसे, कि

लब अब खुल ना पाए सिल गए हो ज्यूँ!!!!"

"कैसा तूफ़ान है आया आज इस जमीन ए रूह पे,

जिसके साथ थे अब साथ वो ही नहीं ....

..........और दुनिया खिलखिला रही |"

"उसकी बातें सुनना, अपनी सुनाना,

उसके साथ हंसी-ठिठोली करना....

नाजुक रिश्ते बांधे रखना.....

उसकी होना, मुझे सब कुछ सिखा रहा है...

आहिस्ता - आहिस्ता !!!"

.....

१. सुबह

धुँधली सी सुबह

पर ठंडक सी थी

हाथों में चाय की प्याली

और मौसम में कुछ नमी भी थी

पंछियों की चहचहाहट

सूरज की आँख मिचोली

कलरव में गुनगुनाते

आ रहे हैं लौट के

या कि वापस घरोंदे में जाते

बादल की गर्जना अचानक

मौसम को कुछ और भिगोती

और भूली बिसरी सी यादें कई

ज़ेहन में बिजली सी कौंध जाती

वो दिन बचपन के

वो मासूम शैतानी

जान बुझ कर जाना बाहर

कि भीगना था होकर रूमानी

करना दोस्तों के साथ मस्ती

और बनाना बहाने बेमानी

छप छपाक कूदना

पानी से अठखेलियाँ करना

काग़ज़ की कश्ती बहाना

और अगर डूब जाए तो

दोस्तों से लड़ना

भूली बिसरी सी यादें अब

काश लौटा दे कोई

और बनाना बहाने बेमानी

अजब दिन जो थे वो बचपन के

२. जाने-अनजाने

जाने-अनजाने राह में चलते,

आते हैं ख़याल और ग़ुम हो जाते

कभी दिखती घटा छाती

कभी चिलचिलाती धूप जलाती

कभी शीतल सी बयार छू जाती

कभी कंपकंपाती शीत लहर डराती

रूप कैसा भी हो जीवन काल का

सावन हो या पतझड़ का

बसंत संग बहारों का

पर

साथ ख़ुद के चलना है निर्विघ्न , निर्विरोध

राह में ना अटकना है

ना अभी भटकना है

ख़याल आते जाते रहेंगे अक्सर

पर चलते रहना है निरंतर

सावन हो या पतझड़ का
पग पग बढ़ते

डगर पर

ऊबड़ खाबड़ हो बेशक रास्ता सफ़र में

मंज़िल तक पहुँचना है समय में

कभी त्वरित ना होना मार्ग से

ना मँझधार में सिसकना है

बस ये यक़ीं रखना है

एक दिन अवसान होगा दुःख का भी

खिलेगी क्यारी जो नभ पर

पाकर इशारा तारों का

झूम उठेगा जब ये दिल

और शांत होगा भूमंडल

मिलेगी मंज़िल मुस्काकर

गले लगाने को तत्पर

नज़र से होगा ओझल

ये कारवाँ अंधकार में जब गुम

समझ आएगा तब तुझको

जहाँ में बहुत है हम तुम

झूम उठेगा जब ये दिल
तभी तो बस यही है सोचना

ना घबराना ना परेशां होना है

चाहे हो परिस्थितियाँ विषम

अब सोच ले ओ राही !

क्या करना है हरपल हरदम

फिर क्यूँ अचानक होता है यूँ

कि

राह में चलते आते है ख़याल

और .... हो जाते गुम

३. नादान परिंदे

पेड़ काटने से पहले ज़रूर चाहिए था ये सोचना घर हो सकता है
किसी परिंदे का ये ,

क्यों उसे बिखेरना कभी गर ऐसे ही उजड़े जो

आशियाना तेरा भी अचानक यूँ ही किस तरह रुदन करेगा तू

और कैसी चीत्कार होगी तेरी भी कर पायेगा अहसास तू

जब सोचेगा इस तरह कभी यूँ ही आसां बहुत है अपनी मनमर्ज़ी
से किसी को सताना, मगर एक बार सोच ज़रा निर्मोही

क्या हो गर सब बीते तुझ पे ही , अगर स्वार्थी इस संसार में

बस थोड़ी सी सोच यूँ ही रखना हमेशा क्या पता कल तेरा भी
आशियाना उजड़ जाये

और तू रह जाये तन्हा जब दिल पे लगेगी चोट

तो शायद ये समझ आये तुझे भी की सांस लेने और जीने का ह
क़

समान है इस सारे जहाँ में अभी जब ज़रा सी हलचल सी होती है
 अपने घरोंदे में सिहर उठता है रोम रोम

और जुट जाता है सहेजने में माना तेरे लिए मात्र एक पेड़ है वह

जो तेरे जलाने के या सजाने के काम आएगा पर क्या तू उस बे
घर परिंदे का घर बसा पाएगा हर पल तुझे ये मन कहेगा और
कचोटेगा क्यों तूने काटा एक पेड़

जो ज़रिया बना किसीके उजड़ने का तेरे कारण जो परिंदा बिछ
ड़ा अपने संसार से क्या तू वापस मिला पाएगा

उसे उसके परिवार से नन्हे बच्चे जो अभी जन्मे थे

और हो गए लुप्त रफ़्तार से मत कर ऐसा सितम किसी पे न
मानुष न परिंदे पे कहीं ऐसा न हो की एक दिन तू भी तरसे अप
ने घरौंदे पे पेड़ लगा ना काट उन्हें आशियाना दे उन परिंदों को
कल जब वो उड़े नीलगगन में तू खुश हो देख उन्हें इस चमन में
 फलेगा फूलेगा घर आँगन भी तेरा जो तू बसाएगा आशियाना
उनका न उदासी होगी खिलखिलायेगा तू गुंगुनाएगा और वह
नादान परिंदा लौट के घर आएगा....!|

४ . अकेला नहीं जा सकता

"अकेला नहीं जा सकता ।"

-कहा था तुमने

कितने सरल सहज भाव से कह दिया था तुमने

ऐसा पहली बार नहीं .... वरन

कई कई बार कह जाते थे तुम

कभी अपने अन्दाज़ में

कभी चुप रहकर

कभी हाथ को थामे

कभी पेशानि को चूमकर

जानती थी मैं ...

एक हद तक मानती भी थी

अकेले नहीं जा सकते थे तुम

आत्म मिलन था वो मेरे लिए

रूह का बंधन

दो जिस्म एक प्राण

दो जहाँ में समाहित

निःस्वार्थ प्रेम समर्पण

पर मैं बस ऐसे ही थी

एक पल में

तुम संग हर्षित…

तुम बिन शांत

कैसे ख़ुद को धीर बँधाऊँ

क्या कह कर मन को समझाऊँ

बस इसलिए ....

निःस्वार्थ प्रेम समर्पण
जब जब तुम कहते थे

"अकेला नहीं जा सकता…।"

मैं हृदय तक भर जाती थी

आँखों में चमक आ जाती थी

आज भी …

तनिक सी लजा कर ख़ुद ही मुस्कुराती हूँ

मन ही मन महकना अच्छा लगता है

"मैं तुम्हारी हूँ… बस तुम्हारी।"

ये कहना और सोचना सच्चा लगता है।

५ . चाह

बहुत दिनों से मिलने की चाह

दिल में सँजोए बैठे थे हम ..

ना ख़बर थी की यूँ ही सच में कभी

क़िस्मत पे नाज़ कर बैठेंगे हम ..

याद है वो लम्हा जब हुए थे रूबरू

ठहर गया था सब कुछ मानो यूँ.....

की जैसे सुन सके कोई आवाज़
उन धड़कनों कि ...।

६ . तन्हाई

सोचा नहीं था कभी

खुद से मिलने का

मौका भी मिलेगा

ऐसा होता भी ना मगर

मिलती मुझसे ना

तन्हाई कभी अगर

जब मिली मुझसे

और आकर वो बोली

बातें करो न मुझसे भी

बातें करो ना

ना जाने डरते क्यों हैं सब

आज तक भी मुझसे

और .... अब

मैं भी तरस खा

हामी भरती पर

शब्दों की भाषा

ना चलती उधर

ले जाती बिन बोले,

गहराईयों में

पहुँच न पाता

समय जिधर

वहाँ न एहसास

कोई ग़म ना ख़ुशी

ना शब्दों के स्वर

ना तन ही तत्पर

मन चंचल नहीं

वहाँ सब है निश्चल

दिल को न होता

आभास धड़कनों का

आँखों से होते

सब चित्र भी ओझल

जागती या सोती

नहीं चिंता उधर

तभी ऐसे में मुझसे

मुझको मिलाती

कभी जो न देखा

तन्हाई दिखलाती

अफ़सोस देर तक न

ये मंज़र ठहरता

अचानक मझधार

मुझे छोड़ जाती

फिर ग़म के वो लम्हे

धड़कनों का वो शोर

फिर मन होता चंचल

समय देता ज़ोर

याद आती तब फिर से

तन्हाई मुझे

मैं चिल्लाने लगती

बुलाती उसे

मैं डरती नहीं

बस पुकारती उसे

फिर मन होता चंचल
कि अब ... फिर से

करो बातें मुझसे

आओ ना मिलो

एक बार .....फिर से

करो बातें मुझसे

७ . वक़्त ...

जब भी कहती हूँ मेरे साथ ना थे तुम,

उस वक़्त जब ज़रूरत थी ...

तुरंत वक़्त न होने के बहाने छेड़,

अहसान गिना देते हैं वो ।

जब भी चाहती हूँ बात करें मुझसे वो ...

कोई बहाना ढूँढ ज्ञान बाँटने लगते हैं वो।

जब हंसने का मन करता है कभी इन संग ...

तुरंत संशय कर मेरे हंसने पे, हाहा ...

सवाल खड़ा कर देता है वो।

जब होती हूँ चुप कि ठीक रहे सब ...

तो तानो का कलमा सा पढ़ने लगता है वो।

जब मान लिया है मैंने इश्क़ बेतहा है उससे...

तब भी क्यूँ शक करता है हर पल मेरी नियत पे वो?

जब रंजिश नहीं कोई मुझसे ...

तो क्यूँ त्वरित सा हर पल लगता है मुझसे वो?

अस्फुटित प्रस्फुटित से शब्द लिए ...

होंठ इस सम्त खुलते हैं मिरे,

कि ज़ुबाँ हिलती नहीं, और

आँखों से सब बोल जाते हैं ...बस यूँ ही।

८. ज़िंदगी

एक अजीब दौर से गुज़र रही है ज़िंदगी,

लगता है किसी के उधार पे रखी है ज़िंदगी;

पहले बहुत क़ीमती अनमोल थी ये ज़िंदगी,

अब तो जैसे ब्याज पे रख दी ये ज़िंदगी;

मायने रिश्तों के अब बदलती हुई ज़िंदगी,

पसंद को प्यार का नाम देती ये ज़िंदगी;

ना जाने क्यूँ सच से डरती है ये ज़िंदगी,
पीठ में ख़ंजर घोंप हंस रही ये ज़िंदगी;

शब्दों में भावो को छिपाती ये ज़िंदगी,

सुना था राह नहीं बदलती है ज़िंदगी;

पर श्वेत सच सी नकारकर ...

पाषाण सी सुंदर बना ली ज़िंदगी;

क्या ख़ूब तोहफ़ा दिया वफ़ा का ज़िंदगी ने,

जब पत्थर थे तो तराश रही थी ज़िंदगी;

जब कचरा थे तो साफ़ कर रही थी ज़िंदगी,

जब तराश कर बेशक़ीमती बना दिया...

तो हाथ झाड़ आगे बढ़ गयी ये ज़िंदगी;

अब ना ज़रूरत थी उसे तराशने की,

ना ज़रूरत थी साफ़ करने की ...

जैसे ही ख़ुद मुताबिक़ पाया और बनाया,

तो यूँ हाथ छुड़ा आगे बढ़ गयी ये ज़िंदगी;

क्यूँ रिश्तों को बदल रही यह ज़िंदगी,

क्यूँ बहानों को ओढ़े हुए है ज़िंदगी;

...........क्यूँ खोखला करती हुई ये ज़िंदगी

ख़ुद की ख़ुशियों के लालच में ...

... आहुति देती ये ज़िंदगी !!!!!

९. अनोखे ढंग

ये कैसे ढंग हैं ज़िंदगी के,

बहुत ही अनोखे व अजीब से ..

पल पल रंग बदलते क़िस्से,

हिस्सा बनते बीतते जीवन का ..

क्या पाना क्या खोना पलों में,

सब धोखा ना कुछ अपना सच में..

खोजते रिश्ते सच्चे इस युग में,

नक़ली चेहरों का दौर है पर चलन में..

ना दोस्त मिलेगा ना कोई अपना यहाँ,

बस रक़ीब बना कर मिलते सब मन में..

पर अच्छा है जो सबक़ दिया ज़िंदगी ने,

तजुर्बा तो हुआ अब कैसा डरना अनमन में..

सोचा ना था कभी इतने तनहा भी पल आएँगे,

बसाने वाले ही हमें उजाड़ कर चले जाएँगे..

किस क़दर टूट गए अब ये क्या बताएँगे,

यूँ लगता है कि छूने से बिखर जाएँगे।

१०. हालत

हालत देखकर कहते हैं लोग

कोई तो अपना था शायद

वरना......

इतनी सादगी से कोई और

बर्बाद नहीं करता

कैसे समझेगा पर इस बात को

कोई कभी

कैसे कोई अपना बेगाना सा

यूँही हुआ नहीं करता

अब तो अपने ख़िलाफ़ बातें

ख़ामोशी से सुनती हूँ

क्यूँकि जवाब भी ये वक़्त

बस अब यूँ ही नहीं देता ... !

११. याद

याद है आज भी मुझे जब हम पहली बार मिले थे ...

एक ख़ौफ़ सा था मन में मेरे एक अजनबी को देखने का ...

पर जब बातें हुईं तो सब सुलझ सा गया ...

यक़ीन हो चला था मुझे ...

आपसे ज़्यादा सुरक्षित मैं कहीं और ना हो पाऊँगी...

मेरा मान अभिमान सब संवारा था आपने...

जैसा कहा वैसा ही निभाया भी आपने ...

मेरी हर छोटी बड़ी ख़ुशी का सरोकार आपसे था...

कभी समझा कभी नहीं ...

कभी माना कभी नहीं ...

बहुत उलझनें थी सुलझाने को ...

बहुत मुश्किल मुक़ाम आए दरमियाँ...

पर हम डटे रहे ... एक दूजे के भरोसे पर,

वक़्त साल दर साल आगे बढ़ता रहा ...

तजुर्बे भी ज़ुल्फ़ पकाते रहे ...

पर हमने उफ़्फ़ क्या कोई शिकवा ना रखा ...

जो भी परेशानी आयी ...

उससे पार होकर सब जीत लिया ...

और इन सबमें हमारी योशिमा का हमेशा साथ रहा...

अब जब दो दशक साथ गुज़ार लिए हैं ज़िंदगी के ...

तब जाकर ये समझ आया ...

ज़िंदगी हमारी थी और हमने बस नासमझ सोच में उसे गँवाया. ..

आज २५ सालों के सफ़र में बस यही कहना है ...

शुक्रिया ... मेरा मान, सम्मान क़ायम रखने के लिए...

शुक्रिया ... मेरा हाथ सदा थामे रहने के लिए।

१२ . शून्य

क्यूँ कर लगती है एक शून्य सी ज़िंदगी ये

समझ ना आए क्यूँ विचलित होता है मन ये

त्वरित सा..

अनसमझा ..अनसुल्झा

परेशान ....ये

समझ ना आए किस ओर जाना है इसे

बेगाना सा ....

कभी बहुत अपना सा

दिल ये

बिखर जाता है कभी किसी के छूने से

कभी पाषाण सा मज़बूत है ये

बेहिसाब दर्द लिए हँसता है ये

और कभी ज़रा सी ख़ुशी से छलक जाता है

नादाँ सा ये मन ....

ना जाने किस ओर भटका जाता है

क्या चाहता है पाना ये और ..

दिल ये
क्या फिर खो देता है ये

अमिट सी छाप छोड़ता

स्मृति चिन्ह संजोता ये

बहुत नाज़ुक सा रिश्ता है इसका

साँसों से

पर उम्र भर थाम उसे चलता ये

मन ......

कभी विचलित सा

कभी उत्तेजित

कभी आह्लादित

तो कभी...

विस्मित सा ये

दिल .....

कभी बेगाना सा

तो कभी अपना सा रुहानि सा ये..!!!

१३ . ख़्वाब

ख़्वाब वो बस मेरा

एक ख़्वाब अधूरा सा

आज भी लिपटा है मुझसे

एक ख़्वाहिश सा

वो ख़्वाब अधूरा सा

उलझा सा मुझसे

तुझसे सज़ा सा

ख़्वाब वो बस मेरा

एक ख़्वाब अधूरा सा

रूठा सा मुझमें ..

आज भी लिपटा है मुझसे
तेरे जाने से कुछ टूटा सा

आज भी रोशन है मुझमें

तेरे सूफ़ियाना इश्क़ सा

ख़्वाब .....हाँ ..... ख़्वाब

वो मेरा

अधूरा सा

एक ख़्वाहिश सा

क्या चाहूँ मैं

भूलना क्या

आज भी रोशन है मुझमें
जो था चमकता एक तारा सा

वो एक प्यारा सा

हमारा सा

ख़्वाब.......

कर दिया उसे आज़ाद

वो ख़्वाब

जो रहता था मुझमें

वो ख़्वाब

जो ख़्वाहिश था मेरी

वो ख़्वाब

अधूरा सा

एक ख़्वाहिश सा.......

सच में रह गया....

एक ख़्वाब

बस.........

एक ख़्वाब अधूरा सा

रहता था जो कभी मुझमें

एक आरज़ू..

अधूरा सा
एक जुस्तजू.....सा

चकनाचूर हुआ

बिखर गया सब

भौतिक इच्छाओं तले

कुचल गया वो

ख़्वाब मेरा....

जो देखा था मैंने

सुंदर स्वप्निल सा

बस ......

चकनाचूर हुआ
एक ख़्वाब अधूरा सा!!!!!!

१४ . दो लफ़्ज़

कविता ऑ कहानी को

बिम्ब ऑ आकार देते

कहीं तुम्हें फिर से ना गुम

कर दूँ

यही सोच बस दो लफ़्ज़ लिख दिए

"मेरे हमदम"

तेरे बिना नहीं कुछ भी मैं

मेरे बिना है तू तो तू ही

तेरे बिना नहीं पूरी मैं

मेरे साथ नहीं पूरा तू

तेरे साथ हूँ सम्पूर्ण मैं

मेरे बिना भी है पूर्ण तू

मेरी तो है धड़कन तू

मैं बन ना पाई सांसें तेरी

प्यार हो गया बहुत कमज़ोर मेरा

तेरे मज़बूत प्यार से हूँ सँवरी मैं

मैं हो गई बेशक़ीमती रत्न कोई

क्यूँ काँच सा बन रह गया है तू

खो दिया जो, ना पा सकूँगी अब

सबको है आसानी से हासिल तू

कुछ ही नहीं

सब कुछ है बदला यूँ...

बेशक ना रही रानी मैं अब

पर मेरा तो सम्राट है तू

मैं हो गई बेशक़ीमती रत्न कोई
तुझसे ही शुरू

तुझपे ही ख़त्म

ये जिंदगानी मेरी

बस तू ही नहीं सिर्फ़ मेरा अब

बस......तू ही नहीं

१५ . हार-जीत

ख़ुद से हारना भी कितना शानदार होगा ...

यूही सोच ख़ुद से जीतने की ज़िद कर बैठी,

चाहे जो हो हालात अब आगे कभी ...

 पर ना बहाने हैं आँसू ये भी ठान बैठी,

अब ऐसा नहीं की जीने की हसरत ना रही ...

बस टूट के बिखर के जीने की हिम्मत ना रही,

छुड़ा लिया है तन्हाई से दामन अपना ...

ओढ़ ली है चूनर ज़िंदगी की,

ना जाने कितने लम्हे हैं बाक़ी ..

ना जाने कितनी साँसें है चलनी ...

चाहे जो हो हालात अब आगे कभी ...
ना होना है त्वरित ऑ भ्रमित कभी अब ..

ना बिखरना ऑ ना टूटना है हार कर ...

सर उठाकर चलना है ..

हाथ मिलाना है ज़िंदगी से ...

डाल कर आँखों में आँखें, कहना है उससे ..

आ ज़िंदगी ... जी लें फिर से !

१६. फिर वही ख़्वाब

सच में रह गया एक ख़्वाब

बस एक ख़्वाब अधूरा सा

रहता था जो कभी मुझमें

एक आरज़ू एक जुस्तजू सा

चकनाचूर हुआ बिखर गया सब

भौतक इच्छाओं तले कुचल गया वो

ख़्वाब मेरा जो देखा था मैंने

सुंदर स्वप्निल सा

धरा पे पटक दिया लाकर

ऐसे की छिन्न भिन्न सी फैली

रहता था जो कभी मुझमें

हर तरफ़ से अकेली ना समेट सकेगा

अब कोई कभी

कहा था मुझसे उसने ख़ुद

चाहने पे सब होता है

और ख़ुद अपनी बारी में

ना चाहने पे भी हो रहा है

ये बहाना कहता है

सोचती हूँ अब क्यूँ करूँ

ज़बरदस्ती उसे रोकने की

अब कोई कभी
क्यूँकि वो मेरा नहीं अब

ये सच मेरे सामने आया है

एक भुलावे में रखा मुझे

पर शायद ये उसकी

अदा का एक नमूना है

मेरा था जो कभी

अब वो मेरा नहीं

बहुत मुश्किल इस सच को

अपनाना है

१७. सुनो

सुनो ...सुनो ना

हम कभी भी

अलग नहीं होंगे

वादा करो मुझसे

हमेशा साथ दोगी मेरा

हाँ मेरी धड़कन

मेरी सांसें

मेरी ज़िंदगी

सब तुमसे हैं

मैं मरते दम तक ही नहीं

मर के भी वादा निभाऊँगी

सुनो.......सुनो ना

हम कभी एक नहीं होंगे अब

मैं तुम्हारी माँग का सिंदूर

किसी और की माँग में

मेरी ज़िंदगी
सज़ा रहा हूँ

तुम्हारे सारे हक़

किसी को सौंप रहा हूँ

पर दिल में तुम रहोगी मेरे

वो मुस्कुराई हौले से

जैसे जानती थी

धोखा होगा उसके साथ

सुनो .....सुनो ना

हर पूजा में

हर काम में

घर में बाहर भी

मेरे हर क़दम पे अब

उसका ही हक़ होगा

सारे फ़ैसलों में

तीज त्योहरों में

सुख दुःख में

अब वो ही साथ होगी मेरे

पर दिल में बस तुम ही रहोगी

घर में बाहर भी
ये याद रखना

वो कुछ नहीं बोली

जानती थी लूटेगा वो

ऐसे ही एक दिन

सुनो.....सुनो ना

सबको घर में किलकारियाँ

सुननी है आँगन में

मैं आज ये एकमात्र रह गया

जो हक था वो भी तुमसे

वो कुछ नहीं बोली

छीनना चाहता हूँ

पर दिल में तुम ही हो बस

ये याद रखना

सुनो......सुनो ना

सुन रही हो ना तुम

............!!!!!!!!!!

१८ . अक्सर

अक्सर...

देखती हूँ समंदर को ख़्वाबों में ,

उसी से सीखा है मैंने जीने का सलीक़ा,

चुपचाप से बहना और अपनी मौज में रहना । बैठ जाती हूं मिट्टी पे अक्सर...

क्योंकि मुझे अपनी औकात समझ आती है

अक्सर.....

जल जाते हैं मेरे अंदाज़ से मेरे दुश्मन क्यूंकि एक मुद्दत से मैंने

न रिश्ते बदले और न ही नाते ।

न जाने क्यों ऐसा हुआ ...

एक घड़ी ख़रीदकर हाथ मे क्या बाँध ली..

वक़्त पीछे ही पड़ गया मेरे..!!

ऐसा नहीं है कि मुझमें कोई ऐब नहीं है पर हाँ,

ये कोशिश ज़रूर रहती है कि....मुझमे कोई फरेब न हो

बेखुदी में सोचा था घर बना कर बैठुंगी सुकून से..

पर आजकल घर की ज़रूरतों ने मुसाफ़िर बना डाला !!!

अब तो सुकून की बात मत कर ऐ दोस्त......

बचपन वाला 'इतवार' अब नहीं आता |

सही कहा है बुजुर्गों ने कि

शौक तो माँ-बाप के पैसो से पूरे होते हैं,

अपने पैसो से तो बस ज़रूरतें ही पूरी हो पाती हैं..

और फिर इस

जीवन की भाग-दौड़ में – कब और

क्यूँ वक़्त के साथ रंगत खो जाती है ?

हँसती-खेलती ज़िन्दगी भी आम हो जाती है..

याद होगा कभी...

एक सवेरा था जब हँस कर उठते थे हम

और

आज कई बार

बिना मुस्कुराये ही शाम हो जाती है..

अब तो

कितने दूर निकल गए,

रिश्तो को निभाते निभाते..

खुद को खो दिया हमने,

अपनों को पाते पाते..

लोग कहते है मैं मुस्कुराती बहुत हूँ ...

हक़ीक़त ये है कि थक गई हूँ छुपाते छुपाते..

बिना मुस्कुराये ही शाम हो जाती है..

इसलिए अब, कोशिश करती हूँ कि

"खुश रहूँ और सबको खुश रखूँ"

माना...

लापरवाह हूँ फिर भी सबकी परवाह

करती हूँ..

मालूम है कोई मोल नहीं मेरा,

फिर भी,

कुछ अनमोल लोगो से

रिश्ता रखती हूँ...!

१९ . सपना

छन्न्न्न्न्न्न्न्न्न्न्न् .....ओहहह

सपना एक त्वरित सा

भुला भटका सा

था मेरे मन में अडिग

पर

जाने क्यूँ वो टूटा

ऐसे ...... जैसे

ज़िंदगी का साथ छूटा

यूँ तो बहुत खिलवाड़ है किए

ज़िंदगी ने मुझसे

फिर रुलाया मुझे

और फिर ...

सब लूटा मुझसे

ना जाने क्यूँ हर पल यूँ ही

करती थी आस

होगा सब ठीक यहाँ अब

पर कोई नहीं है पास

अब तो सब्र का बाँध भी

है मुझसे छूटा

ना जाने कैसे कैसे ज़िंदगी ने

मुझे लूटा

सोचती थी शायद ये है मेरी परीक्षा

अब आएगा परिणाम सही

ना जानती थी कि तू ठग रही मुझे

अब कभी कुछ ना होगा सही

जाने क्यूँ मुझसे यूँ खेल तू खेल रही

ना जाने क्यूँ ऐसे ही कितनों के दिल

तू छलनी है कर रही

क्या कहूँ अब कौनसा ख़्वाब है टूटा

बता ए ज़िंदगी तूने ऐसे और कितनों को लूटा!!!!!

२०. दरख़्त

ना नाम ,ना उम्र ,ना कोई बोली ,ना आवाज़

एक अंतहीन ,अनकही ,अनसुलझी सी दास्ताँ

आज भी याद होगा उन दरख़्तों को

जिनके आस-पास गूँजती थी वो आवाज़ें

आवाज़ें ख़ुशनुमा चहकती एक दूसरे में खो जाती सी

उन सभी दरख़्तों में से गवाह है

एक दरख़्त - उन शख़्शों का

जो उसके नीचे आकर बैठते थे

घंटों बतियाते थे

हँसना-रुलाना ,मानना-मनाना

सारी बातों का उन अधूरे वादों का

गवाह था वो दरख़्त

जहाँ उनका मिलन भी हुआ

और विछोह भी वहीं हुआ

छोटी-छोटी सी बातें

जहाँ राज बन गईं थीं

२१. साथ

मेरा साथ ना छोड़ना

चलना यूँ ही हाथ थामके

वादा करो मुश्किल में ना बदलोगे

मेरी "बात" थाम के

जानती हूँ मज़बूत है रिश्ते बहुत मगर

जब हद से गुज़र जाए तो टूटते भी यही हैं

कहते है साथ रहने से नहीं छूटते है हाथ

वक़्त की धुँध में पर हालत बदल जाया करते हैं

नहीं कहती मैं कभी कि सपना है टूटा मेरा

जानती हूँ कि टूटती नींद है बस .. क्यूँकि

सपने नहीं टूटा करते

इसलिए इतनी सी बस ये बात कहती हूँ

मेरा साथ ना छोड़ना कभी

चलना यूँ ही हाथ थाम के

वादा करो ना बदलोगे मुश्किल में कभी

मेरी ''बात''थाम के

२२. आह ज़िंदगी

आह .... ज़िंदगी!

अब जाकर मिली हो

जब हम साहिल पे खड़े

तूफ़ाँ से निकलकर

टूटे ख़्वाब बटोर रहे थे

जब किनार कर हर ख़्वाहिश से

ख़ुद पर हम पाबंदी लगा चुके थे

आ॥ssहहहहहह .... ज़िंदगी !

अब मिली हो तुम

जब रात की काली स्याही में

आकाश हम तलाश चुके थे

जब ख़ून के पीकर घूँट

हँसना हम सीख चुके थे

आह.... ज़िंदगी!

अब जाकर मिली हो

आ॥ssहहहहहह .... ज़िंदगी !
जब हम तनहाइयों में

जीना सीख चुके थे

जब हम भीड़ में

अकेले चलना सीख चुके थे

आ:ssहहहहह..... ज़िंदगी!

आख़िर अब मिली हो तुम

जब बड़ी ख़ामोशी से ख़ुदको

कविताओं में उतर चुके थे हम

आहा:ssssssssss ज़िंदगी !

शुक्रिया की आख़िर मिल तो गयी तुम

जब हम आख़िरी साँसों में भी

टकटकी लगाए तेरा रस्ता देख रहे थे

आह से अहा ज़िंदगी का सफ़र

तुझसे बिछड़के मिलने का ये सफ़र

अद्भुत पूर्णता का अहसास लिए

शून्य से सम्पूर्ण करती मुझे

अहा .... ज़िंदगी !

शुक्रिया की आख़िर मिल तो गयी तुम

शुक्रिया

२३. चाँद

ऐ चांद आज जरा सोच समझ कर निकलना,,,,

मेरे चांद को भूखा रहने की आदत नहीं है।

जैसा सोचती थी मैं

वैसा ही हमसफर है पाया,

जिसके बिन ना हो पाये

एक पल गुजारा।

सुख में जिसे ढूँढूँ और

दुख में भी साथ पाऊ,

जिसके लिये जिंदगी को

और खुबसूरत बनाऊँ।

वो अंधेरो में मुझे रौशनी दिखाये,

और रौशनी की चकाचौंध से मुझे बचाये।

मेरे हर कदम का वो कारण हो,

हर रंग उसका असाधारण हो।

साथ ने उसके कर दी हर मुश्किल आसाँ

भीड भरी दुनिया में थामें रहा वो हाथ मेरा।

नहीं कभी किए उसने झूठे वादे

चांद सितारों को तोडने के

बस चाहा छोटी – छोटी बातों से

जिंदगी में खुशियां वो भरे।

सीखा एक दुसरे की ख़ूबियों को

तराशना और सराहा भी

की कोशिश बुराईयों को करें दूर

और सम्भालें रखें एक दुसरे की राहें भी।

एक दुसरे की कही अनकही बातें

अब समझ जाते हैं हम

कभी ना सुलझे ऐसे बंधन में

अब ऊलझ नहीं बँध गए हैं हम।

प्यार,विश्वास और सुकून भरी है जिंदगी

मैं उसकी हूँ और वो मेरी हैं अब....बंदगी।

छोटी सी दुनिया में उसका मेरा बसेरा है,

हर रात सुहानी है..और

खुबसूरत हर सवेरा है।

प्यार व विश्वास की उस डोर से बंध गए ऐसे

जो एक धागे में दो मोती पिरोता है,

हाल गई अब ऐसा कि

एक को चोट पहुंचे तो दुजे का दिल रोता है।

सच में यह एक खुबसूरत एहसास है,

दूर रहकर भी रहते एक दुजे के पास है।

बस सिर्फ़ एक .... बस यही ..

चाहत है मेरी .....कि

जिंदगी बीते मेरे हमसफर के संग,

जिसके होने भर से बिखर जाते हैं

जो खुशियों के अनेकों रंग।

जानती हूँ अब ये ..

सांस जिस दिन थमेगी

तो चेहरे पर सुकून रहेगा,

ऐसा हमसफर है मिला जिंदगी में।

कहते हैं रब को तो सबकी चाहत का पता होता है,

तू तो सबके दिल में बसा होता है।

मेरी भी इस चाहत को सच उसने था बना दिया ,

मन में बनी मूरत को असली सूरत में दिखा दिया!

२४ . रूह

मैं जानती हूँ मेरी ज़िंदगी, मेरी रूह तुम हो

क्या हुआ जो मेरे ही बस नहीं तुम हो

कोई आरज़ू नहीं है अब बाक़ी मेरी

क्यूँकि अब ज़िंदगी नहीं रही मैं सिर्फ़ तेरी

मेरी तो आख़िरी जुस्तज़ू तुम हो

पर सिर्फ़ मेरे लिए ही नहीं अब तुम हो

मैं इस ज़मीन पे घना अँधेरा हूँ
तुम आसमान हो अब सबके

तुम्हारी चाँदनी से रोशन है अब कई चेहरे

दोस्तों से वफ़ा की भी उम्मीद तुम हो

अनजाने से अंधेरों में खोई मैं हूँ

क्यूँकि......

अब इस ज़माने के आदमी तुम हो

नहीं उस ज़माने के दीवाने तुम हो

मैं आज भी ढूँढ रही फ़क़ीरी इश्क़ तुम में

पता नहीं क्यूँ अब अजनबी जैसे ....

.... पर नहीं अजनबी तुम हो !

२५ . क़ैद

मैं क़ैद में हूँ

सालों साल से

जलते हुए

अपने ही बदन की

तपती ख़्वाहिशों की

बेवजह सी पुकार में

मैं क़ैद में हूँ

साँस के बाद आने वाली साँस में

जो अभी तक थी

उलझी हुई

फिर

एक और साँस को रास्ता

देकर विदा हो चली

और मेरा रास्ता और लम्बा

हो चला

साँस के बाद आने वाली साँस में
पर अब

पिघल जाता है मेरे बदन का

सारा लहू

जब वो करता है

बातें मुझसे

सिहर उठता है रोम रोम

उसकी हँसी महसूस करके

शब्दों से वो जादू कर जाता है ऐसे

मानो छू लिया उसने भीतर तक मुझे

ऐसा लगता है मानो अब

क़ैद से होने लगी हूँ ....

...........आज़ाद मैं !!!!!

२६ . प्यार

प्यार नहीं रही मैं उसका

अब एक समझौता हूँ ...

जो किया था उसने

.... अगर

ज़िंदगी होती मैं

तो छोड़ने का

सोचा भी कैसे

ख़याल आया ...

तो आया ये कैसे

उसके जहन में

जो किया था उसने

प्राथमिकताएँ हैं बदली

या पसंद भी अब बदली

कभी हो नहीं सकता था ...

बेवफ़ा वो

तो कैसे सोचा उसने ....

एक धोखा दे

मेरा होकर भी नहीं

वो मेरा

बदल ली है सोच उसने

या पसंद भी अब बदली
बदल गया है उसका

स्वरूप भी अब

बदल गयी आदतें

बदल गया है उसका

दृष्टिकोण भी अब

जिन बातों से था वो

कोसों दूर

अब वही बातें हैं

उसे सुहाती

स्वरूप भी अब

जिन बातों पे भड़कता था वो

अब वोही उसका दिल हैं

बहलातीं

२७ . दस्तूर

क्यूँ है ये दस्तूर दुनिया का

जिसे चाहते हैं पास रखना

अक्सर....

उसे ही दूर कर देते हैं सब

पर कैसे करेंगे दूर दिल से

तुझे मेरी रूह ए दिल

हर पल साथ है मेरे तू

है ना ...... या

नहीं है ?!?

लगा था मुझे पा लूँगी तुझे एक दिन

ख़ुशफ़हमी में थी की शिद्दत सच्ची है मेरी

पर टूट गए ख़्वाब .... छन्न्न्न्न से

तू और दूर जाने लगा अब मुझसे

और दूर ....

बहुत दूर.......

डर है एक दिन हो ना जाए इन

आँखों से भी ओझल

कब तक रख पाऊँगी ख़ुद को ज़िंदा मैं

तुखे रूह में बसकर

हो जाऊँगी एक दिन....

.... फ़नाss!!!!

२८ . एक दिन

मैं जानती हूँ

अब तू नहीं है मेरा

बस लगता है तुझे

पर तू नहीं है मेरा

जिस दिन चुना तूने

किसी और को मेरे सिवाय

उसी दिन मेरा एक अंश

अलग कर दिया था तूने

जिस दिन थामा हाथ किसी और का

उसी दिन निकाल फेंका था तूने मुझे

और अब किसी और को जीवन संगिनी बना

आख़री अंश भी कर लिया जुदा

आज़ाद कर लिया ख़ुद को तूने

मेरे वजूद से...

बस बातों में हूँ मैं

अब तो अहसास से भी दूर कर दिया

..... क्यूँ तूने मुझे...?।

छला है मुझे प्यार का सपना दिखाकर

आग़ोश में जाने को किसी और की

तैय्यार है तू......

एक दिन आएगा ...

लौट कर तू ... ये भी करले यक़ीन

२९ . हक़

जिस ज़मीं पर कभी सिर्फ़ हक़ था मेरा

आज वहीं मकान हैं किसी और का

ए मालिक मेरे .....तूने कैसे मिलाया ख़ाक में

मेरी क़ब्र खोद दफ़ना दिया मुझे वहीं

जहाँ रोशन हुए गुल ....किसी और के साथ

जो कभी थे मेरे........ख़्वाब के !

३०. रोशनी

जिस दिए से मैंने रोशनी की

उम्मीद की .....

उसीने मुझे जला कर

ख़ाक में मिल दिया

बहुत चाहती हूँ जाना दूर

पर मेरी ही राख से उसने

अपना चूल्हा जला लिया

ख़ुश है वो बहुत अपनी

नयी ज़िंदगी बसाकर

मेरे राख के ढेर पर अपनी

ख़्वाहिशें सजाकर ...

३१. रिश्ते

उम्रक़ैद की तरह होते है कुछ रिश्ते

जहाँ ज़मानत देकर भी रिहाई

कभी मुमकिन नहीं .....

कभी लौटकर आना चाहो

कभी तो ......

मुझे पहले बता देना

मुझे ख़ुद को ढूँढ़ने में

कुछ वक़्त लगेगा ...!!!!

क्यूँकि....

जो किए ही नहीं कभी मैंने,

वो भी वादे निभा रही हूँ मैं.

मुझसे फिर बात कर रहा है वो,

फिर से बातों में आ रही हूँ मैं !

देखा है ज़िंदगी को पल में

रूप बदलते

अनजान सा अब लगता है वो

हर बदलते पल में

कभी बहुत अपना सा

था वो जो है अब

एकदम बेगाना

कौन है वो

क्या है अब वो

एक सामाजिक व्यक्ति

या

कोई बहरूपिया था

कुछ भी हो पर

ज़िंदगी है वो मेरी

आत्मा में बस है वो

यक़ीन था कि वो है मेरा

फिर क्यूँ था

कभी बिलकुल अनजान सा

अजनबी सा वो

कभी अरमान मेरा सम्पूर्ण होता

कभी ख़्वाहिश सा अपूर्ण वो

मेरा होकर भी मेरा नहीं है

मगर फिर भी

उसमें मेरी और मुझमें उसकी

ज़िंदगी है ज्यों कि त्यों

३२ . सोचा था

सोचा था पूछूँगी तुमसे

क्या समय व्यतीत करने को

कोई और बहाना नहीं बचा था

जो मुझे उपाय चुन लिया

और कुछ ना मिला तो ..

मेरी भावनाएँ ही दिखी

खेलने को वक़्त गुज़ारने को

क्यूँ नहीं दिखा मेरा

वो बावरा मन तुम्हें

जो हर पल हर घड़ी

साथ लेकर तुम्हें

विचरण करता है

सम्पूर्ण आकाश में

जिसका प्यार समाहित है

सम्पूर्ण ब्रह्माण्ड में

कैसे नहीं देख पाए तुम

ये पनीली आँखें

जिनमे सिर्फ़ तुम ही हो

थमा दिया तुमने अपना हाथ

किसी और के हाथ में

कब भूल गए तुम कि

मैं थी सिर्फ़ तुम्हारे दिल में

जगह एक पल में बाँट दी तुमने

आग़ोश में चले गए किसी के

करके तंहा वीरान मुझे

रंग भरने चले किसी और की

ज़िंदगी में

क्या इतना कच्चा रिश्ता था

या मन पे क़ाबू झूठा था

एक काँच को बना कर हीरा

ख़ुद को क्यूँ कर बेच दिया

कैसे समझाऊँ बावरे मन को

अब भी तेरा है जो पूरा

कर रहा है इंतज़ार

कि ......एक दिन

मिलेगा ज़रूर इस बावरी को

वो भूला सा प्यार उस बावरे का

आएगा लौटकर फिर से वो

पर शायद...........

अधूरा सा वो .... ना पूरा सा !!!!

३३ . कविता

कभी सोचती हूँ

क्या जी सकती हूँ मैं

एक कवितारहित ज़िंदगी

याsssss.........

एक जिंदगीरहित कविता

क्या कर पाऊँगी मैं कभी

एक कवितारहित प्रेम

याssssssss.........

लिखूँगी

एक प्रेमरहित कविता

कोई......!!!!!!!!!!!

३४ . भीड़

दुनिया की इस भीड़ में

अजीब सी एक कश्मकश है

ये ज़िंदगी ...... भी

कितनी अजीब है

कभी तो एक पल की ख़ुशी दे

ज़िंदगी भर का ग़म दे जाती

ये ज़िंदगी .....

कभी टूटे दिल को जोड़ती

तो .....

कभी गहरे रिश्ते को भी बेवफ़ा बनाती

ये ज़िंदगी.......

बहुत ही अजीब कश्मकश में है

कभी अपनो को पराया

तो.....

कभिपरायों को आत्मा सा अपना बनाती

ये ज़िंदगी........

लगती है कभी सुलझती सी

कभी बहुत उलझती

ये ज़िंदगी........

क्यूँ है ऐसी हर पल बदलती

ये ज़िंदगी....:

एक सवाल सा उमड़ता है मन में

तुम ही बताओ ना......

किस राह पे ले जाएगी

ये ज़िंदगी.......

कहीं क्या कोई मंज़िल होगी

या ऐसे ही अनजाने अनदेखी राहों पर

गुज़र जाएगी यूँ ही

ये ज़िंदगी.......

क्यूँ हँसती मुस्कुरहटों के दरमियाँ

आ जाती है अक्सर भीगी सी आँखें लिए

ये ज़िंदगी......

सुकून के चार पल देकर

क्यूँ वीरान सी राहें करती है

ये ज़िंदगी......

कितनी रातें उनिंदी बीती

कितने बोझिल से दिन गए

क्यूँ सूनि आँखों के अशकों को

जुगनू बनायी है

ये ज़िंदगी.......

क्यूँ कश्मकश में ही मन

क्यूँ बेचैन है आत्मा

ये कैसी अजब खेल खेल रही है

ये ज़िंदगी ......

ओह ये ज़िंदगी....

आह ! ये ज़िंदगी.....!!!!!!

३५. इश्क़

इश्क़ जूनून भी है संजीदगी भी

हवस भी है पाकीजगी भी

शोखी भी है ये इश्क़

तो

बाँकि अदाओं पे लुटने का नाम भी

ज़िंदगी को समझने का काम भी है

तो दिल ओ दिमाग़ से सोचने का नाम भी है

इश्क़ मसरूफ़ियत भी है

इश्क़ फुर्सत भी

कभी फ़क़त चाहत है इश्क़

तो कभी इबादत भी

कभी मासूमियत तो कभी सनक भी

ज़मीन कभी कभी आकाश भी

कभी नशा है इसमें मिलन का

कभी करवटें बदलती सिलवटों में भी

रूह से जुदा है इश्क़

इसलिए

खुदा का दूसरा नाम ही है इश्क़

इश्क़ की सूरत में है ख़ुद खुदा ही

कभी मासूमियत तो कभी सनक भी

इश्क़ ...... आह इश्क़ !!!!

३६ . अकेले

कभी जो बैठे चुप से अकेले में

तो सोचा ....

क्यूँ कुछ पल ज़िंदगी से हौले से निकल

जाते हैं ।

चाहे-अनचाहे, जाने-अनजाने एक अनकहा

दर्द औ उदासी छोड़ जाते हैं ।

विचलित, बेकल सा मन तड़प उठता है

उस तन्हाई में ...

जी चाहता है तन्हाई को ही आग़ोश में लेकर

देर तक बस रोते रहें ।

काश मैं पा सकती फिर से उन लमहों को

जिन्हें जी सकूँ जी भर कर

सुधार सकूँ कुछ ग़लतियाँ अपनी

मना सकूँ अपनी रूह को

बना सकूँ ख़ूबसूरत उन पलों को

बना पाऊँ बेहतरीन ज़िंदगी को

काश पा सकती उस सम्पूर्ण रूह को

सोच सकती हाँ अब जाकर ख़ुद से मुलाक़ात

हुई फिर से ....।।।।।

३७. अनजान

अनजान देश

अनजाने लोग

अनसमझ सी बोली
अनसुलझे से विचार

किन्तु भाव वही

विचार अलग

मगर अहसास वही

अनकही भाषा का स्वरूप लिए

अनजानी धरती पर

कुछ अनजाने से लोग

अनजाने रास्ते

पर सपने वही

चाव वही

प्यार वही

वादे वही

अनजान शक्लें

सोच वही

आँखें वही

रूह वही

......मैं जहाँ थी

आज भी हूँ वहीं

वैसी ही ....!!!!

३८ . हँसी

बहुत उदास है मन फिर भी

रहना है हँसी को ओढ़े

सुना था कभी बुज़ुर्गों से

पर आज आया है समझ ये सच में

कैसी अजीब है ये ज़िंदगी भी

कभी हँसना है यहाँ पल में

कभी रोना भी

कैसा सितम है ये छाया

आँखों में नमी

चेहरे पे मुस्कुराहट का साया

दिल रोए चाहे कितना भी

नहीं छोड़ना साथ आँखों का

आँसूओं से कह दो अभी

पलक को नहीं है इजाज़त

वो बाहर आने दे नमी को

कैसा सितम है ये छाया
ना छलके किसी के आगे वो

बंद कर लो पलकें

अब इन आँसूओं को पीलो जल्दी

हँसो कि ज़िंदगी चलेगी यूँ ही

ए ज़िंदगी ...

कभी दुश्मन

कभी सहेली

ये मेरी......!!!!!!

३९ . तंहा

तंहा....

कहने को एक मैं तंहा

एक मेरा दिल तंहा

पर सोचो तो

ग़र तन्हाई ना मिलती

तो मैं ख़ुद से कहाँ मिल पाती

ओढ़े अपनी तन्हाई को

बिन बोले सुने पहुँची मैं उधर

समय ना पहुँच पाया जिधर

उस तन्हाई में समझ न आए कुछ

ना अहसास वहाँ ना ग़म ना ख़ुशी

ना स्वर है कोई , ना तत्पर मन

किन्तु नहीं है चंचल मन

सब कुछ निश्छल

ना आभास था धड़कनों का

ना कोई चित्र होता था सामने

बस मैं और तन्हाईयाँ

ना सोती मुझमें ना जागती सी

मुझे मुझसे मिलाती

जो ना देखा कभी

उसे दिखती

मेरी तन्हाई

पर अफ़सोस न ठहरती ये तन्हाई भी

अचानक मँझधार में जैसे छोड़ चली जाती कहीं

४०. खेल

ज़िंदगी के अजब हैं खेल

हर तरफ़ है धक्कम पेल

चौतरफ़ा अनजाने रास्ते

की यहाँ अब नहीं जीता

कोई किसी के भी वास्ते

अपनी ही ख़ुदगर्ज़ी को ओढ़े

झूठे आडंबर से ख़ुद को जोड़े

कोई नहीं जो इस दीवार को तोड़े

अपने ही अभिमान में रूख को मोड़े

चाहे रास्ते हों एक ही

पर नहीं साथ चलना चाहते

एक दूसरे से बेहतर की होड़ में

ख़ुद के असली वजूद को नकारते

कौन अपना कौन बेगाना

ना जान पाए कौन है अनजाना

चल रही है ज़िंदगी जैसे वक़्त गुज़ारते

अपने ही अभिमान में रूख को मोड़े

क्या कोई आएगा कभी ये बोझ उतारने...?!?

४१. अकेली

अकेली ही चली थी मैं

अकेली रह गयी साथी

अकेली ही जा रही थी

डगर पर दूर तक चलते

अचानक से वहीं पे तू

राह में मिल गया साथी

त्वरित मुझसे ना जाने क्यूँ

बहुत हिल मिल गया साथी

मुझे वो (राह में)छोड़ कर

मँझधार में ही चल दिया ...

लेकिन

अकेली छोड़कर मुझको

अकेला चल दिया साथी

हुआ अवसान दिन का भी

गयी आ रात अँधियारी

हुआ है शांत भूमंडल

मगर नभ पर खिली क्यारी

सितारों का इशारा पा गया

टूटा हुआ ये दिल

ना मंज़िल दूर थी हमसे

कहाँ तू खो गया साथी

तुझे जो छोड़ना ही था

मिला क्यूँ राह में आकर

दिया था क्यूँ वचन तूने

चाँद सितारों की क़सम खाकर

मिलाए थे ना डग से डग

डगर पर एक दो डग भी

नज़र से हो गया ओझल

कहाँ तू खो गया साथी

अकेली ही चली थी मैं

अकेली रह गयी साथी !!!!

४२. ये दिल

सोचने पर मजबूर हो जाता है ये दिल अक्सर

क्यूँ वहीं जफ़ा नहीं मिलती जहाँ उम्मीद है

क्यूँ अक्सर वही हमसे दूर जाता है

जिसकी इबादत करने को जी चाहता है

वो दूसरो के साथ ज़्यादा ख़ुश है रहता

क्यूँ।मुझसे ही उसे कोई फ़र्क़ नहीं है पड़ता

सारी दुनिया भूल के बस एक उसी की आस है

पर क्यूँ उसकी दुनिया बस मुझसे ही उदास है

क्या करूँ ना अब समझ आता है कुछ

सब कुछ कर गई अब ना है बचा कुछ

यूँ तो तमाम हसरतें है राख हो चुकी

पर ना जाने क्यूँ ऐसा लगता है

कि..........

आग अभी भी कहीं दबी हुई सी...बाक़ी है

४३ . गुस्ताखियाँ

आँखों की गुस्ताखियों से होता है हाले दिल बयाँ ..

ये वो जुबां हैं जो हर नजर समझ लेती है ..

चाहे हो गुस्ताखियाँ इन आँखों की

जिन्हें समझना हो वो ही ना समझते हैं

आते हैं जब भी वो हमारा हाल पूछने

हम नज़रें झुका बस मुस्कुरा देते हैं

४४. अल्फ़ाज़

तुम ही तुम हो मेरे हर अल्फ़ाज़ में

समझ नहीं आ रहा

कैसे बांधूँ तुम्हें शब्दों के लिबास में

आज जो बैठी तो ख़याल आया

इक दिन मैं भी वफ़ा की मिसाल क़ायम करूँगी

चाहे कितने भी तूफ़ाँ आएँ दरमियाँ

मर जाऊँगी पर ए ज़िंदगी

तुझसे जुदा ना ख़ुद को होने दूँगी

मैं भी बनाऊँगी अपनी दोस्ती का महल

एक दिन ऐसा ...... कि

झुक जाएेगा वो ताज महल भी चाहे हो जैसा !!!

चाहा था मुक्कमल हो मेरी तेरी कहानी „

मैं लिख ना सकी कुछ भी तेरे नाम से आगे „

४५ . उतारे दिन

पहनकर.......

तेरे उतारे हुए दिन

आज भी मैं...

...तेरी महक में

सारी उम्र

गुज़ार सकती हूँ

तू अभी अनजान है

मेरी दीवानगी से

ज़िद पे आऊँ तो ...

ख़ुद की साँसें भी

....रोक सकती हूँ

ख़ुश रहे सदा तू

बस

इक यही इच्छा व दुआ है

अब

मेरी दीवानगी से

जाना है दूर तुझसे

ये कैसे सोच लूँ अब मैं

क्यूँकि

तुझसे मेरी रूह

ना मैं ही अलग है

माना

उसकी गलियों में तेरा बहुत

आना जाना है

पर लौट के तुझे फिर से

इस चौखट पे ही आना है

देहरी पर बैठ देखूँगी

राह उम्र भर तेरी

अब तो

ज़िंदगी में बस इतना सा

मेरा ... फँसाना है!!!!

४६ . हम

ना दिल खोया था कहीं

ना आवाज़ ही कहीं अंदर थी

बस नज़र ए अन्दाज़ सा कर दिया

तभी तो दुश्वरियों ने आ घेरा

जहाँ न मैं मैं थी ना तुम तुम थे

बस कुछ था तो "हम" थे

जिसे अब पहचान मिली है दिल से

ये सबसे मुश्किल खेल था मेरी ज़िन्दगी का ।

वो हार कर भी जीती मैं जीत कर भी हारा ।।

ना आवाज़ ही कहीं अंदर थी

मेरे ऐबों को तलाशना बंद कर देगें लोग !!

मैं तोहफे में उन्हें अगर आईना दे दूं!!

मगर ये भी सच है कि

उँगलियाँ उठाने की फ़ितरत सी होती है लोगों की

आइने को भी नक़ल कह कर इल्ज़ाम लगा देंगे

४७. इरादा

हार जीत का इरादा ना कर

ख़ुद को बेच दिया कहीं और

कहते हैं की जज़्बातों की बाज़ी

हमने लगा दी

वो क्या जाने दाव कौनसा था

खुदको ही दाव पर लगाया था

और ख़ुद ही बँट गए

मिली है ज़िंदगी तो जी भर के कर मोहब्बत..

इश्क़ मर्ज़ भी है मेरी जान इश्क़ दवा भी है..

आँखें भी धड़कनों की ज़बान बोलने लगीं..

ये समझ तब आया जब तुम नज़रों से दूर हुए !

और कोहराम मच गया..